Guide rapide d'
**auto-hypnose**

Du même auteur :

Guide rapide de confiance en soi

Guide rapide des petites pensées à emporter

Guide rapide anti-stress

# Guide rapide d'
# auto-hypnose

## Philippe Korn

À tous ceux qui ont chuté,
et qui ont trouvé la force de se relever

Remerciements :

Immense merci à Élisa
et à Christine pour leurs relectures,
leur patience et leurs conseils.

Sommaire :

# 1

# Introduction

Bonjour,

Avant tout, je vous remercie d'avoir choisi cet ouvrage.

Je souhaite qu'il vous étonne, qu'il vous amuse, qu'il vous aide et pourquoi pas, qu'il vous donne envie d'aller plus loin.

Il s'adresse aussi bien aux femmes qu'aux hommes, aux jeunes et aux moins jeunes.

L'hypnose est une discipline en plein développement, y accéder est de plus en plus aisé, en ville et à la campagne. Son efficacité n'est plus à démontrer et elle est en constante évolution.

Au fil de ces pages, je vais vous expliquer les bases de cette pratique millénaire pour les rendre non seulement accessibles, mais aussi utiles au quotidien.

Pour rester le plus clair possible, j'ai volontairement évité les formulations « scientifiques et techniques » et surtout les nombreux délires « New Age », ce guide se veut accessible à tous et libre de tout dogme.

À aucun moment je ne prétends traiter le sujet de manière exhaustive. Je souhaite le plus simplement possible mettre en lumière l'essentiel des mécanismes à connaître pour s'adresser à son inconscient de manière positive et imagée et pour s'épanouir jour après jour un peu plus dans sa vie privée et professionnelle.
Bien entendu, l'hypnose reste une approche

complémentaire qui ne se substitue pas à la médecine classique.

Ce livre se veut un manuel de découverte pour alimenter votre culture générale et surtout votre curiosité.

Je vous souhaite une bonne lecture !

Philippe Korn

PS : vous l'aurez compris, toutes les formulations de ce livre sont épicènes.

# 2

# Définitions

C'est toujours intéressant de définir clairement ce dont on va parler.

Commençons donc par cette définition de l'hypnose, extraite du Larousse médical :

« Technique propre à induire un état de sommeil partiel, différent du sommeil habituel. L'état obtenu par hypnose préserve certaines facultés de relation, en particulier entre l'hypnotiseur et le patient, mais entraîne une capacité d'abstraction par rapport à la réalité extérieure... »

Plusieurs points intéressants sont à relever :

- L'état d'hypnose n'est pas identique au sommeil que nous connaissons chaque jour. Ce « sommeil partiel » est en effet un entre-deux. Vous avez déjà, au moment de glisser dans une agréable sieste, ressenti ce moment où vous entendiez encore les bruits de la rue, mais avec l'impression qu'ils étaient loin... très loin... ou cette sensation d'être encore là, mais d'être aussi un peu ailleurs. Ne cherchez plus, c'est ça l'état d'hypnose !

  C'est en fait par facilité de langage que nous utiliserons plus tard un vocabulaire qui tourne autour du sommeil, même si ça n'en est pas. Merci pour votre indulgence ;-)

- Vous conservez vos facultés de relation. On peut, par exemple, être en hypnose les yeux ouverts, écouter des questions et y répondre de façon très cohérente. Ce lien est utilisé par l'hypnothérapeute durant une consultation en cabinet, c'est même le canal par lequel les changements sont apportés. S'il n'est pas nécessaire de cristalliser toute votre attention sur les propos du thérapeute, il n'est cependant pas question de perdre tous ses repères ni de délirer : on parle d'hypnose, pas de LSD !

- On entraîne une capacité d'abstraction. On arrive ainsi à voir les choses avec un certain recul, ou à les considérer sous un nouvel angle. Voilà la clef qui va nous permettre de travailler sur nous-même.

- La réalité extérieure... Comme nous le verrons dans le chapitre « le VAKOG », je pinaille un peu en préférant évoquer « ce que chacun perçoit de la réalité extérieure ».

\*

On décrit en général l'hypnose comme un état modifié de conscience (EMC) par opposition à l'état ordinaire de conscience (EOC). On peut le visualiser sur un électro-encéphalogramme par le changement de l'activité électrique du cerveau.

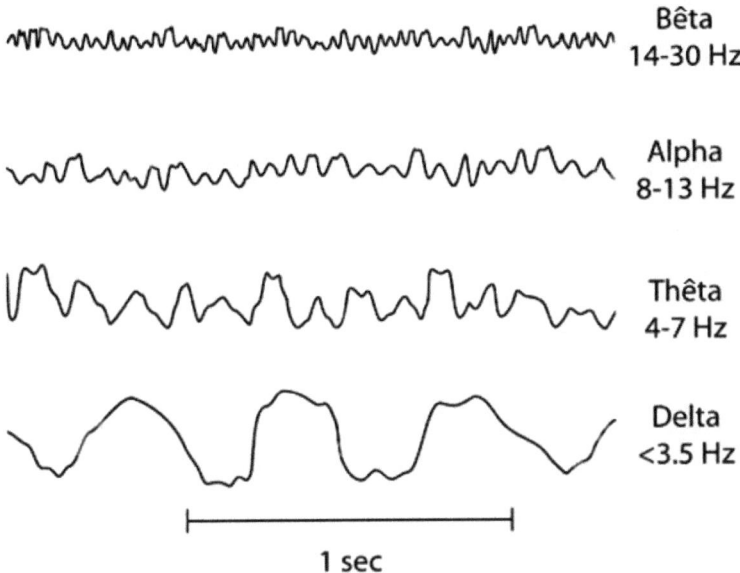

- L'état *bêta* est l'état ordinaire de conscience[1], c'est l'état d'éveil durant lequel nous pouvons jouir de nos capacités intellectuelles, raisonner, calculer, agir et vaquer à nos occupations quotidiennes.

- L'état *thêta* correspond au sommeil paradoxal, le

---

[1] Je vous épargne les plaisanteries à ce propos ...

moment où nous rêvons et où nos yeux bougent sous nos paupières closes.

- L'état *delta* est l'état du sommeil profond, on dort à poing fermé et par rapport à notre sujet, ça n'a pas d'intérêt.

- Ce qui a de l'intérêt pour nous, c'est l'état *alpha* qui se situe avant l'état *thêta*.
C'est le fameux entre-deux dont je vous parlais.
Dans cet état, le cerveau est d'une certaine façon à la frontière du rêve, plus *intuitif*, plus *créatif*, plus *réceptif*. Bref, il est dans un état idéal pour prendre en compte les *suggestions* de changement que nous souhaitons lui proposer grâce à l'hypnose.

Vous l'avez compris, chaque jour, nous passons donc régulièrement par l'état *alpha*, sans nous y arrêter, au moment de nous endormir et de nous réveiller.

En fait, dans la journée, nous vivons plusieurs cycles qui nous font entrer en état *alpha*.
Vous connaissez ces moments de la journée où vous êtes « dans la Lune » ?

Certaines pratiques favorisent aussi cet état, comme la méditation par exemple, mais sans forcément le savoir, le rechercher ou encore savoir l'exploiter.

La pratique de l'hypnose est donc le moyen *technique* pour entrer en état *alpha*, y rester et l'utiliser à bon escient.

Technique : j'insiste sur ce terme, car « faire de l'hypnose » c'est uniquement utiliser un ensemble de techniques et rien de plus.

Il n'y a aucun don, aucun pouvoir, aucune capacité particulière à posséder.
Comme on apprend à éplucher des patates ou à conduire une voiture, on apprend à hypnotiser.

C'est tout.

Voilà, je l'ai dit et j'y reviendrai.

*

Voyons maintenant une autre définition : La suggestion.

Le dictionnaire nous dit que c'est l'action de suggérer[2].

Suggérer : « Présenter, proposer à quelqu'un une idée, lui inspirer un acte. Évoquer quelque chose, faire naître une pensée, une image, une idée ».

Dans cette définition, c'est intéressant de relever qu'il s'agit de *proposer* des choses et non pas de les *imposer*.
En hypnose, on travaille de manière à ce que les suggestions soient suffisamment fortes ou pertinentes pour qu'elles puissent contrebalancer les manifestations que l'on souhaite modifier.

---

[2] Merci le dictionnaire !

Elles peuvent, comme c'est expliqué, transformer des idées ou des actes. Par exemple « je suis nul » ou « je fume » peuvent devenir « je suis quelqu'un de valable » (idée) et « je cesse de fumer » (comportement).

La suggestion est le travail que l'on va effectuer après être entré en état *alpha*.

En effet, l'état d'hypnose, s'il est très reposant (on estime que 15 minutes d'hypnose équivalent à environ 60 minutes de sommeil), n'apporte rien de par lui-même. Il ouvre simplement la porte de l'inconscient, à nous alors d'y apporter quelque chose de constructif.

*

Enfin, mettons-nous d'accord sur ce qu'est l'auto-hypnose.

C'est le fait de modifier soi-même son état de conscience puis de se prodiguer des suggestions positives. Il s'agit donc de pratiquer l'hypnose *sur soi-même*.

Quand je parle d'hypnose en général dans ces lignes, c'est toujours à ramener à l'auto-hypnose et donc à soi. Le but de ce livre n'est pas de pratiquer sur vos amis, enfants, collègues ou que sais-je.

*Ces pages ne font pas de vous un hypnothérapeute.*

Travailler sur une autre personne en hypnose est une démarche plus complexe et plus délicate.

Profitez simplement des éléments qui vous sont expliqués pour découvrir cette étonnante ressource qui est en vous.

*

**L'essentiel**

L'hypnose est un état modifié de conscience naturel, banal et universel que tout le monde expérimente régulièrement durant sa vie, sans forcément le savoir.

Cet état nous rend plus favorable à recevoir et à ancrer en soi des suggestions.

# 3

# Ce que l'hypnose n'est pas

Ce sera peut-être surprenant à lire, mais je pense très important d'évacuer plusieurs idées fausses, pour ne pas dire certains fantasmes.

Si parmi les points suivants, plusieurs vous semblent ridicules ou vous font rire, gardez en tête que ce sont des questions qui m'ont très sérieusement été posées.

Alors autant y aller...

### L'hypnose n'est pas une baguette magique.

J'aimerais pourtant que ce soit le cas, mais on ne peut pas régler tous les problèmes de comportement, réparer toutes les vies, effacer toutes les épreuves, faire repousser les jambes amputées, etc. C'est important de relever que l'hypnose n'est pas indiquée chez les personnes dont le psychisme est altéré par la maladie ou par certaines substances.

### On ne devient pas une marionnette.

J'avais déjà effleuré la question : vous gardez toujours votre libre arbitre sous hypnose. On ne peut pas vous contraindre à faire ou dire des choses qui ne vous conviennent pas.

Vous avez peut-être assisté à des spectacles qui vous donnaient l'impression que l'artiste avait une emprise totale sur ses sujets, mais la réalité est différente.

Les spectateurs invités à monter sur scène sont sélectionnés au début du show grâce à leurs réactions au discours de l'hypnotiseur, ou grâce à des petits tests.

Leur réceptivité élevée fait d'eux des volontaires qui ont envie de jouer le jeu des suggestions qui leur seront faites. Bref, au fond d'eux-mêmes, ils veulent faire partie du spectacle et c'est grâce à cela que l'assistance pourra s'amuser autant qu'eux.

**En hypnose, on n'acquiert pas de pouvoirs surnaturels**, on ne lévite pas, on n'entre pas en contact avec des créatures célestes ni avec les défunts.

Pour les amateurs de vies antérieures et de régressions de tout poil, sachez qu'environ 40% des souvenirs retrouvés sous hypnose sont inventés de toutes pièces.

**On ne pratique pas d'opération à cœur ouvert sous hypnose**. Même si c'est un puissant allié de la médecine, l'hypnose à elle seule ne permet pas de se passer de l'anesthésiste. Elle offre en fait un moyen de gérer l'angoisse du patient, de modifier la perception de la douleur et de réduire les doses de produits chimiques utilisés. Enfin, elle lui permet ensuite de récupérer plus vite, ce qui est déjà considérable.

La confusion a été entretenue par des médias un peu trop enthousiastes, en septembre 2018. Plusieurs parmi eux ont parlé d'une spectaculaire opération à cœur ouvert pratiquée sous hypnose au CHU de Lille. Il s'agissait en fait d'un Monsieur de 88 ans, qui a subi un remplacement de valve aortique. C'est une opération bien plus légère, pratiquée sous anesthésie locale et pour cette fois, avec l'aide de l'hypnose.

**On ne reste pas « bloqué » en hypnose.**
Nous l'avons vu, c'est *comme* le sommeil, donc tôt ou tard, ça s'arrête.

*

L'essentiel

L'hypnose n'a rien de surnaturel, ni de mystique.

C'est un état physiologique naturel que tout le monde peut expérimenter, tout simplement.

# 4

# Historique

Les aspects extraordinaires que je viens d'évoquer ont valu à l'hypnose une réputation sulfureuse durant des siècles.

Pourtant, c'est une discipline connue depuis l'antiquité.

Pour comprendre un peu mieux les origines des pratiques actuelles, un très bref historique est intéressant.

On trouve les premières traces de l'hypnose sur des tablettes sumériennes il y a environ 4000 ans.
Les Grecs eux aussi pratiquaient ce qu'ils appelaient « la médecine par les songes ».

L'Europe moyenâgeuse considérera les phénomènes hypnotiques comme des manifestations diaboliques ce qui a forcément stoppé sa pratique.

Il faudra attendre le 18ème siècle pour que l'hypnose retrouve des adeptes qui l'étudieront et lui redonneront un nouvel élan.

On cite généralement comme précurseur Franz Anton Mesmer, médecin autrichien[3]. Vers 1773, il interprète ses expériences comme le fruit de l'utilisation d'un fluide magnétique qui met les sujets en transe.

A la même époque, le marquis de Puységur (élève de Mesmer) soigne son personnel par ce moyen et poursuit le développement de ses théories.

Vers 1813, c'est José Custódio de Faria (dit l'abbé Faria et élève de Puységur) qui établit les premières théories concernant ce qu'il appelle le « sommeil lucide » et leurs applications thérapeutiques.

James Braid, médecin écossais, est un des premiers chirurgiens à utiliser l'anesthésie sous hypnose autour de 1841. Quelques années plus tard, les premières anesthésies chimiques (à l'éther) rendront l'usage de l'hypnose caduque... jusqu'à nos jours.

A la fin du 19ème siècle, Jean-Martin Charcot, en France, étudie l'hypnose sous l'angle d'un symptôme de l'hystérie, alors qu'à la même époque Hippolyte Bernheim, lui, y voit un état naturel favorable à la suggestion thérapeutique.

Indissociable des noms précédents, Sigmund Freud

---

[3] L'artiste canadien lui doit son pseudonyme.

s'intéresse pendant une dizaine d'années à l'hypnose, avant de s'en éloigner vers 1895.

Enfin, il faut mentionner Milton Erickson, psychiatre américain (1901 – 1980).
Sans le faire exprès il donne son nom à l'hypnose...
ericksonienne 😊

Plus sérieusement, il contracte durant son adolescence une forme grave de poliomyélite. Paralysé, il passe de longs mois à se suggérer des progrès vers sa guérison et parvient ainsi à améliorer considérablement son état.

Ses travaux autour de l'hypnose permettront une grande évolution dans l'approche, la pratique et la formation. On lui doit notamment le développement d'inductions et de suggestions plus douces, la participation du patient et l'adaptation des séances à chaque cas particulier.

Pour mémoire je peux encore citer (dans le désordre) Ernest Rossi, Emile Coué, Dave Elman ou Léon Chertok[4].

Mais je vous l 'ai dit, il s'agit d'un *très bref* historique.

\*

_____

[4] Voir en annexe.

L'essentiel

L'hypnose est une discipline pratiquée depuis l'antiquité.

Si le Moyen Âge la considérait comme diabolique, depuis le siècle des Lumières, elle est étudiée et valorisée pour être aujourd'hui présente partout et utile à tous.

# 5

# L'inconscient

D'abord, je souhaite vous dire que dans ces pages, je parlerais indifféremment de l'inconscient, du subconscient, de l'esprit ou du cerveau. Vous ne m'en voudrez pas pour ce manque de rigueur.

En hypnose, on décrit en général l'inconscient par opposition à la conscience.

Cette dernière regroupe tout ce que vous faites par le biais de votre volonté, comme réfléchir, calculer, analyser ou planifier.

Et puis il y a toute une partie de votre esprit qui fonctionne en continu et dont les processus nous échappent. Cette partie stocke nos souvenirs, nos apprentissages, régule notre physiologie, veille sur nous, elle rêve, crée, imagine, devine, et parfois elle s'emballe ou se mélange les pinceaux : c'est notre inconscient !

Ce « pilote automatique » qui nous accompagne depuis toujours occupe en fait presque totalement notre cerveau.

La représentation la plus claire que vous pouvez vous en faire est celle d'un iceberg : la petite partie émergée représente votre conscience, quant à l'immense partie invisible, sous l'eau, c'est votre inconscient.

Vous voyez maintenant pourquoi il vous arrive parfois de vous dire « mais bon sang ! Malgré tous mes efforts, je n'arrive pas à arrêter (rayer les mentions inutiles s'il y en a) de fumer, de penser à lui, de mettre les doigts dans mon nez, de dire tout le temps « voilà », de reprendre deux fois du dessert, d'angoisser, de perdre mes moyens quand je parle en public, etc. ? ».

Chaque fois que votre volonté va s'opposer à votre inconscient, le rapport de force sera toujours favorable à ce dernier.

Ne cherchez pas : c'est comme ça !

Opposer un poids mouche à un poids lourd ne crée aucun suspens.

Le but de l'hypnose est justement d'atteindre l'inconscient pour y suggérer des changements bénéfiques. Puisque c'est là que tout y est plus ou moins caché, on y trouve la cause de nombreux problèmes et souvent les moyens de les contourner, sinon, on y apporte ces moyens nécessaires.

Votre inconscient est en effet à la fois votre mémoire globale et votre immense réservoir de ressources.

Faisons une analogie avec un ordinateur : on peut défragmenter le disque, mettre à jour des programmes en débugger d'autres ou nettoyer les espaces disponibles.

Plus concrètement vous devez considérer votre inconscient comme un jeune enfant de 6 ans environ.
En ce sens, il est naïf, réceptif, créatif et joueur.

C'est pourquoi nous verrons plus loin qu'il y a une façon de s'adresser à lui pour être efficace.

La séance d'hypnose va nous permettre de laisser un moment la conscience s'éloigner pour accéder en douceur à l'inconscient, un peu comme on soulève le couvercle d'une marmite pour accéder à son contenu.

*

L'essentiel

Notre inconscient nous accompagne en permanence et constitue une fabuleuse réserve de ressources que l'hypnose sollicite pour progresser vers le mieux-être.

# 6

# Le VAKOG

VAKOG ?
C'est quoi cette bête ?

C'est vous.
Ou plutôt la partie de vous qui perçoit le plus votre environnement.

VAKOG est l'acronyme formé par Visuel, Auditif, Kinesthésique, Olfactif, Gustatif.

Kinesthésique est l'adjectif qui se rapport aux perceptions corporelles. Pour simplifier, nous regrouperons les canaux gustatif et olfactif avec le kinesthésique, puisque ce sont globalement des sensations corporelles.
Nous parlerons donc de VAK et plus de VAKOG.

Nous allons donc nous intéresser à nos 5 sens.

En effet, si notre environnement est le même pour tout le monde, la façon dont chacun le perçoit est unique.

Souvenez-vous de la madeleine de Proust : l'odeur du petit gâteau replongeait instantanément le narrateur dans ses souvenirs d'enfance.

Nous avons chacun nos expériences et nos souvenirs bâtis sur la façon personnelle dont nous avons capté les informations à un moment donné.

Une chanson vous rappelle votre premier amour de vacances.
Une odeur de curry et c'est votre voyage en Inde qui ressurgit.

Un délicieux cabernet remplit votre bouche et vous vous retrouvez au mariage de votre sœur.

La douce chaleur estivale et voilà le souvenir de cette soirée sous les étoiles où elle vous a dit pour la première fois « je t'aime ».

Nous avons chacun un canal sensoriel principal.
C'est par lui que nous recevons en priorité les informations.
Parfois, nous en avons deux.

En auto-hypnose, l'intérêt sera d'identifier ce canal sensoriel principal, car il va nous permettre de formuler nos inductions et nos suggestions hypnotiques de la manière que notre inconscient préfère.

Quand on vous explique un chemin à suivre, préférez-vous une explication orale ? Vous êtes alors peut-être « auditif ».

Ou préférez-vous un petit dessin ? Vous serez alors plutôt « visuel ».

Et quand vous êtes guidé par votre GPS, préférez-vous regarder l'écran ou écouter les indications ?

C'est grâce à ce genre de petites questions que vous pouvez déterminer quel est votre sens privilégié.

Prenez une feuille et un crayon et décrivez en quelques phrases vos dernières vacances, ou un événement auquel vous étiez invité.

Ou alors décrivez cette photo :

Lorsque vous avez terminé, recherchez les adjectifs utilisés ou les détails que vous précisez.

Par exemple, repensez au dernier mariage auquel vous étiez invité :
« C'était une immense salle des fêtes, magnifiquement décorée, de belles nappes blanches et de grands bouquets multicolores ornaient chaque table ».

Immense, magnifique, blanches, grands, multicolores, tout se rapporte ici à la vue. Vous n'avez pas retenu le parfum de ces bouquets, ni même la musique d'ambiance, pourtant tous les deux bien présents.

Concernant la photo de la plage :
Que vous inspire-t-elle ?
Quels sont les mots qui vous sont venus à l'esprit ?

Un ciel bleu infini, le reflet des vagues, le soleil éclatant.

Le sable fin qui caresse les pieds nus à chaque pas, un doux vent chaud sur votre visage.

Ou plutôt le bruit des vagues, le bruissement du vent qui agite nonchalamment les palmiers, le son du ukulélé ?

En principe, vous utilisez un mélange de tout ça, mais c'est la majorité qui l'emporte, ou deux ex-æquo.

\*

Pendant une séance, il est aussi intéressant de jouer avec l'intensité de vos perceptions, par exemple, en visualisant une scène désagréable, vous allez vous suggérer que les couleurs s'affadissent, que les sons deviennent de moins en moins forts, etc.
Cela afin de permettre à votre inconscient de la minimiser ou carrément de la faire disparaître.
Nous verrons ça dans le paragraphe intitulé « l'écran de télévision » du chapitre 13.

À l'inverse, nous pourrons augmenter l'intensité des sons, des couleurs, des ressentis pour ancrer plus fortement en nous une bonne expérience ou une ressource positive.

Que ce soit pour minimiser ou maximiser des sensations, on appelle cela utiliser les *submodalités*.

*

Utiliser son canal sensoriel principal rend l'entrée en état *alpha* plus facile et les métaphores hypnotiques plus efficaces.

Jouer sur l'intensité des perceptions sensorielles est également un moyen puissant d'agir sur notre inconscient.

# 7

# La formulation

Nous venons de voir qu'adapter notre vocabulaire à notre canal sensoriel principal rend l'hypnose plus efficace.

Si vous êtes plutôt auditif, imaginez le bruit du paquet de cigarettes que vous allez piétiner, ou écraser dans votre main.
Ou peut-être que pour vous, ce sera plus efficace de vous décrire la scène en détails avec le soulagement qu'elle vous procure.

La manière de tourner nos phrases est également importante, puisque, finalement, nous nous adressons à notre inconscient, qui fonctionne à la façon d'un enfant de 6 ans environ.

Pour commencer, notre inconscient ne comprend pas la négation.
C'est comme ça.

Il faut donc bien réfléchir à ce que nous allons lui demander.

Si je me dis : **je ne veux plus fumer**

Inconsciemment
J'entends : **je ne veux plus fumer**

Il faut donc se dire : **je veux *arrêter* de fumer**

C'est essentiel de rester *positif* et aussi *bienveillant*.

Une patiente venue pour mincir me dit : « chaque fois que je me regarde dans le miroir, je me dis que **je dois arrêter de manger** ».

Or il se passe quoi lorsqu'on arrête de manger ?
On meurt !

Donc inconsciemment, ma patiente va stocker tout ce qu'elle peut en prévision de la pénurie dont elle se menace elle-même.

Choisissez bien les mots que vous voulez utiliser, en vous souvenant que l'hypnose est un état dans lequel nous sommes plus réceptifs qu'habituellement.
Soyez *motivant, généreux, permissif,* utilisez votre propre vocabulaire, en s'adressant à vous-même, inutile de vouloir s'en « mettre plein la vue ».

*Pensez à votre objectif,* au résultat recherché, plutôt qu'aux problèmes et aux difficultés.

Lorsque vous faites du vélo, vous regarder là où vous voulez aller et non pas les graviers, ou les irrégularités du chemin qui se trouvent juste devant votre roue, sinon à coup sûr, vous allez vous casser la figure.

Exemples :

J'ai moins de cauchemars → mon sommeil est paisible
Je fais beaucoup d'efforts → mon objectif se rapproche
Je ne ressens pas le manque → c'est facile de m'en passer

Exprimez-vous *au présent*, pas de futur ou de conditionnel, sinon votre esprit va procrastiner.
Placez-vous dans *l'action*.

**Je vais arrêter de fumer** (quand ?   Demain ?   L'année prochaine ? Un jour ?)

**J'arrête de fumer**          (ça commence maintenant !)

Et enfin, *répétez.*

Quand vous aviez 6 ans, il fallait aussi parfois vous dire plusieurs fois les mêmes choses non ?

**J'arrête de fumer, le tabac est totalement inutile et c'est facile pour moi d'arrêter de fumer. Arrêter de fumer va me permettre de vivre sainement** etc.

*

Dans le chapitre des définitions, je vous ai expliqué que l'hypnose est un état différent du sommeil, en vous précisant toutefois que par facilité de langage, nous utiliserons beaucoup de vocabulaire en rapport avec la relaxation, le bien-être et le fait de dormir.

Les séances sont donc toujours parsemées de :
« ...et la détente est de plus en plus agréable ... »,
« ...et je peux me laisser glisser dans un profond sommeil... »,
« ...et je dors d'un sommeil délicieux et réparateur ... »,
« ... je me sens paisible et serein, comme dans un rêve... »
etc.

*

Enfin, puisque vous allez vous adresser à vous-même, vous pouvez vous parler à la première personne, dans une sorte de dialogue intérieur.

Cependant, utiliser le « tu » peut vous sembler plus confortable, comme si une personne extérieure était en train de vous parler, de vous guider.

Libre à vous de choisir ce qui vous correspond ou ce que vous trouverez le plus efficace.

*

## L'essentiel

Utilisez votre propre vocabulaire, positif, bienveillant, sans négation, exprimez-vous au présent, orienté vers votre objectif, en utilisant prioritairement votre canal sensoriel principal.

# 8

# La détermination d'objectif

*« Il n'y a pas de vent favorable*
*à celui qui ne sait pas où il va. »*
*Sénèque*

Que nous parlions d'auto-hypnose, de cuisine, de sport, ou d'investissement financier, le point de départ est toujours le même : *savoir ce qu'on veut.*

### Ce qu'on veut VRAIMENT !

En clair, il est fondamental de *définir son objectif.*

Un objectif, c'est une envie, un rêve, un besoin, qui va prendre forme, qui va commencer à se concrétiser. Pour éviter que cet objectif ne finisse en naufrage, la première étape est de le délimiter clairement.

Déterminer son objectif :
- c'est éviter de se perdre dans d'autres activités,
- c'est dresser la liste de ses compétences et de ses besoins,
- étudier les obstacles possibles,
- prévoir un calendrier,
- et formuler le résultat.

Cette étape est très importante, que vous souhaitiez améliorer votre bien-être ou changer entièrement de vie. Ne négligez pas ce chapitre, il est indispensable à la réussite de ce que vous allez entreprendre.

Vous allez donc prendre le temps de répondre à toutes les questions qui vont suivre, en développant vos réponses et surtout... *en les écrivant.*

Peut-être que cet exercice vous prendra 20 minutes, ou 20 jours, peu importe, consacrez-lui le temps nécessaire.

Lorsque vous aurez répondu objectivement et complètement à tous ces points, vous pourrez alors dire que « votre objectif répond aux critères de bonne formulation ».

Ce document restera votre fil rouge, le repère durant votre progression, même si vous devrez peut-être le rectifier en chemin.

C'est aussi parfois un témoin de la mauvaise foi dont nous pourrions peut-être faire preuve.

Je m'explique.

À mon cabinet, il m'arrive souvent d'entendre des patients exprimer des doutes ou leur déception au cours des consultations. D'autres oublient parfois simplement le motif premier de leur présence et se perdent dans d'autres problèmes. C'est alors précieux de pouvoir leur rafraîchir la mémoire en leur relisant des extraits de la fiche que je remplis lors de chaque rendez-vous.

En clair, si vous consultez votre médecin pour un problème de migraine, il y a peu de chance que le traitement qu'il va vous prescrire soigne aussi votre ongle incarné, dont vous ne lui avez pas parlé.

Allez, avouez, ça vous arrive aussi parfois, non ?

Alors installez-vous au calme avec un papier et un stylo, c'est parti.

## 1)    Qu'est-ce que je veux vraiment ?

Soyez *précis*, le plus clair possible. Une réponse du genre « je veux être heureux » ou « je veux devenir riche » n'a pas de sens. Premièrement, la définition du bonheur ou de la richesse est propre à chaque individu, mais elle englobe bien trop de paramètres.

Vous pouvez commencer par reprendre les principes du chapitre 7 à propos de la bienveillance et des termes positifs.
Cet objectif doit vous concerner vous-même et non pas vos collègues, voisins ou amis.

Cet objectif doit être *réaliste, atteignable* et *approprié.*
Devenir millionnaire avant la fin du mois est peu réaliste
et perdre 10 kilos quand on en pèse 48 est extrêmement
dangereux.

Cet objectif doit être *mesurable,* afin de pouvoir évaluer
votre progression et éventuellement de rectifier vos délais
ou vos moyens prévus pour son accomplissement.

Par exemple :

« Je veux gagner un meilleur salaire, au moins 1000€ de
plus chaque mois. Je vais donc demander une promotion à
mon patron, sinon je vais chercher un nouvel emploi
mieux payé ».

## 2)     Pourquoi est-ce important pour moi ?

Vous allez lister vos *motivations.*
Toutes.

Au moins 3 !

Des plus évidentes aux plus futiles, vous serez peut-être
surpris, en creusant le sujet, de constater ce qui vous anime
réellement.

Exemple :

« Je veux arrêter de fumer parce que je suis rapidement
essoufflé en montant les escaliers, j'ai toujours sur moi une
désagréable odeur de tabac, je gaspille 3000€ par an en

cigarette, j'ai peur de mourir d'un cancer comme mon papa. »

Ou dans la suite de l'exemple du point 1)

« Cette augmentation va me permettre de déménager et de m'installer avec ma petite amie, je vais pouvoir faire des économies, nous pourrons nous marier et avoir des enfants. »

### 3) Qu'est-ce qui vous en a empêché jusqu'à maintenant ?

Quels étaient *les obstacles* ?

Qu'est ce qui a changé autour de vous pour que vous décidiez *maintenant* d'atteindre ce but ?

« Avant, la cigarette me donnait de l'assurance en société,

mais maintenant, je me rends compte que c'est cher, inutile et nocif. »

« Avant, je n'étais pas amoureux et mes revenus me suffisaient pour une vie de célibataire. »

## 4) De quoi ai-je besoin pour y arriver ?

Détaillez vos *atouts*, vos *ressources* déjà existantes. Disposez-vous des connaissances, de l'argent, de l'expérience nécessaire ?

Avez-vous besoin de nouvelles compétences ou de nouvelles ressources ?

« Mon patron veut développer les ventes à l'étranger, je vais prendre des cours d'anglais pour lui proposer ma candidature comme assistant export. »

« Je vais me remettre à la course à pied avec mes amis, ils m'encourageront, ça va m'aider à tenir bon sans cigarette. »

## 5) Y a-t-il des inconvénients à y arriver ?

Aussi étrange que cela puisse paraître, on a parfois (ou même souvent !) des freins inconscients.

Souvenez-vous alors : si votre inconscient s'oppose à votre volonté, c'est toujours lui qui a le dernier mot.

Cherchez alors les raisons qui peuvent vous faire stagner dans une situation qui ne vous convient pas.

On appelle ça rechercher les bénéfices secondaires (et cachés).

« Si j'obtiens ma promotion d'assistant export, je devrais régulièrement voyager à l'étranger, suis-je vraiment prêt à m'absenter plusieurs mois par an ?»

Un de mes clients était dans une profonde dépression, il a convenu que l'énorme pension d'invalidité qu'il touchait pouvait être un frein (inconscient) à sa guérison.

Une dame consultait pour perdre du poids. Elle a réalisé durant une consultation qu'elle s'était inconsciemment « enlaidie » (sic) par un important surpoids pour se protéger des hommes par suite d'une agression sexuelle durant son adolescence. L'aider à mincir devait donc commencer par l'aider à reprendre confiance et à se distancer de ces anciennes peurs.

## 6)    Comment savoir que j'y suis arrivé ?

Pour certains sujets, c'est facile de s'en rendre compte : si votre salaire mensuel a augmenté de 1000€ ou si vous n'avez plus touché une cigarette depuis 3 mois, bravo ! Le job est fait.

Dans d'autres cas, il faut observer attentivement la situation et les progrès (souvenez-vous de cette mauvaise foi que nous exprimons parfois, mais peut-être aussi de la sévérité excessive manifestée envers soi).

« J'aurais pleinement confiance en moi lorsque je pourrais présenter mon PowerPoint mensuel sans bafouiller, trembler ou transpirer. »

Alors peut-être qu'à la fin de ce mois-ci, vous allez juste un peu bafouiller, preuve que vous êtes proche d'un succès définitif !

## 7)    Comment est-ce que j'imagine le résultat ? Quand ? Comment ? Avec qui ?

Fermez les yeux et projetez-vous au terme de ce projet.

Imaginez où vous serez alors ?
À quelle date ?
Qui sera avec vous ?
Qu'est ce qui se passe ?

Qu'est ce qui a changé ?
Vous entendez quoi ?
*Vous ressentez quoi ?*
Êtes-vous fier ?
Heureux ?
Satisfait ?

*

Ces sept questions vous aideront dans votre orientation professionnelle, vos loisirs, vos projets familiaux, bref, dans toutes les étapes de votre vie et bien entendu, sur le chemin de votre bien-être.

Les réponses à ces questions doivent être sincères, satisfaisantes et concrètes. Il n'y a là pas de place pour les « je ne sais pas », « je verrai bien », ou pour les « plus ou moins ».

Je vous propose un exemple de « dialogue intérieur » pour une personne qui souhaite arrêter de fumer.

*« Je veux arrêter de fumer, je souhaite économiser l'argent gaspillé pour ce poison et plusieurs personnes dans ma famille sont mortes d'un cancer.*

*Jusqu'à présent, mon travail était très stressant et la cigarette « m'aidait » en apparence. Grâce à ma mutation, mes conditions de vie sont devenues plus agréables, c'est le bon moment pour me débarrasser de ce poison.*

*Je vais consulter mon médecin pour lui demander aide et conseils et je vais reprendre le football au club de mon village, l'esprit d'équipe et les encouragements des autres joueurs me stimuleront.*

*J'ai prévu plusieurs séances d'auto-hypnose pour garder confiance, pour effacer la cigarette de mes pensées et pour me focaliser sur mes nouvelles activités et sur ce que j'aime.*

*Je vais informer mes nouveaux collègues que je ne prendrais plus la pause avec eux, simplement pour ne pas être tenté de retomber dans le « café-clope » mais en prenant soin de ne pas m'exclure du groupe.*

*Quand j'aurais tenu au moins 3 mois sans fumer, je serais*

*fier de moi et confiant pour ne pas recommencer. Je vais alors me payer de belles vacances à la Réunion avec l'argent économisé, sans parler de la satisfaction d'être devenu un meilleur footballeur ! »*

*

Avant d'entreprendre quoique ce soit, c'est important de bien définir son objectif.

Décrire clairement ce qu'on veut, pourquoi, dans quels délais, avec quelles ressources, quelles sont les difficultés, comment saura-t-on qu'on a atteint ce but et quels sont les résultats attendus ?

# 9

# La séance d'auto-hypnose

Dans le chapitre 3, j'ai insisté sur ce que l'hypnose n'est pas.

Il est temps de vous dire ce qu'elle est, et de quoi est faite une séance.

*

Vous le savez déjà, l'hypnose n'est pas un moment de sommeil, mais c'est tout de même un moment de *détente*, de *profonde relaxation*.

À ce titre, faites-en un instant de *bien-être*, durant lequel vous serez *bienveillant, généreux, positif et disponible envers vous-même*.

Techniquement, l'hypnose peut être pratiquée au milieu d'un hall de gare en pleine heure de pointe, mais notre but ici est de s'offrir du mieux-être, alors installez-vous *au calme* afin d'en profiter pleinement et aussi de ne pas introduire des complications inutiles.

Avec un peu d'expérience, vous pourrez profiter de vos séances dans le train ou dans une salle d'attente, mais si vous débutez, préférez la sérénité d'un moment rien qu'à vous.

L'hypnose, c'est s'offrir des possibilités de *comprendre*, de *progresser*, de *changer*.

C'est *lâcher prise, s'évader un instant du quotidien, se libérer du mental* et se laisser emporter par son *imagination*, sa *créativité*, son *intuition*.

*

Est-ce que vous savez être bienveillant et généreux envers vous-même ?

Je vous propose un petit exercice afin de vous entraîner.

Il est inspiré de l'Ho'oponopono[5].

**À faire**

Installez-vous au calme pour quelques minutes.
Fermez les yeux.

*Apaisez-vous* en vidant votre esprit et en prenant 3 respirations lentes et profondes...
Prenez un instant pour laisser toutes les tensions intérieures disparaître...

Lorsque la détente s'est installée, dites-vous intérieurement et *avec sincérité* : « **désolé** ».

Désolé pour telle ou telle situation, pour avoir été trop XXX ou pas assez YYY, reconnaissez vos failles, vos faiblesses ou les situations désagréables que vous rencontrez.

---

[5] En annexe, je vous explique rapidement ce que c'est.

Puis dites-vous : « **pardon** ».

Pardon de ne pas avoir mieux agit dans telle ou telle situation, de ne pas avoir réussi à résoudre une difficulté.

Pardonner et se pardonner, c'est éviter de stagner dans le passé, c'est s'offrir une porte vers l'avenir.

Ensuite : « **merci** ».

Merci pour cette prise de conscience, merci d'avoir choisi de progresser, de chercher des solutions pour résoudre problèmes et conflits. Merci d'aller de l'avant, merci de prendre soin de moi.

Et enfin : « **je t'aime** » (ou « je m'aime »).

Je t'aime parce que tu le mérites, parce que tu as de la valeur. Je t'aime et je vais trouver le moyen de XXX, je mérite de YYY.

Vous aimer est la plus grande force qui puisse vous animer.
S'aimer, c'est le moteur qui permet de s'améliorer et d'améliorer les choses pour ceux qui sont importants pour nous.

N'hésitez pas à répéter cet exercice régulièrement : il apaise le stress, la culpabilité, le manque de confiance en soi, les conflits, il nous recadre dans le présent, etc.

Vous verrez que c'est aussi un travail très intéressant à pratiquer lorsque vous serez en état *alpha* !

\*

Lâchez-prise, libérez-vous de l'emprise de votre mental.

Je rencontre souvent des patients qui confondent lâcher-prise et abandon.
Il s'agit simplement de prendre du recul, de modifier son angle de vue, parfois de reculer pour mieux sauter.
Ils associent à tort le lâcher-prise avec le renoncement, l'échec et la fuite.

Lâcher-prise ne vous fait pas tomber, mais au contraire vous élève !

*Libérez-vous de votre mental.*

Pendant les ateliers d'auto-hypnose que j'anime, souvent des participants lèvent les yeux au ciel et me disent : « Mais c'est impossible ! Je réfléchis tout le temps à 1000 trucs » !

Apparemment, certains tirent une sorte de fierté à s'encombrer l'esprit.

À mon avis, il ne faut pas confondre être performant, polyvalent, dynamique, avec le fait d'être agité, surmené ou tourmenté.

Alors je vous invite pour commencer à réfléchir à la pertinence du mot *impossible,* surtout pour une chose aussi simple que de laisser son esprit se reposer un peu...

Levez cette barrière et gardez en tête cette citation de Mark Twain : « ils ne savaient pas que c'était *impossible,* alors ils l'ont fait » 😄

Ensuite, je soumets à votre sagacité ce petit dessin que j'ai vu passer il y a un moment déjà sur les réseaux sociaux...

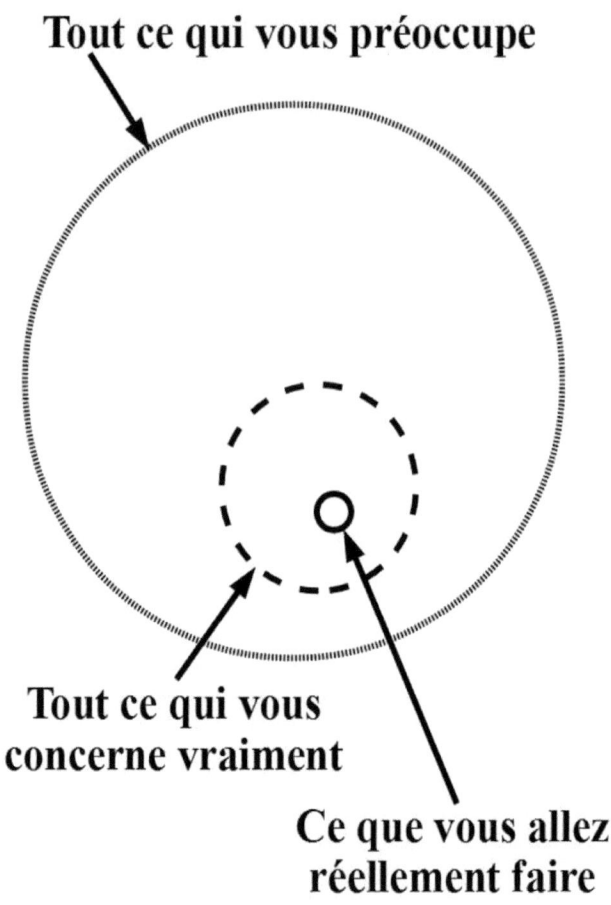

**Tout ce qui vous préoccupe**

**Tout ce qui vous concerne vraiment**

**Ce que vous allez réellement faire**

Alors réfléchir à 1000 trucs, est-ce vraiment utile ?

Je ne le pense pas, puisque parmi ces 1000 trucs, seuls 5 ou 6 sont utiles et en plus, vous n'en réaliserez qu'un ou deux...

Pour vous aider à vous distancer de ces 1000 trucs inutiles, pensez à pratiquer cette méditation express lorsque l'occasion se présente, c'est-à-dire à n'importe quel moment, lorsqu'un petit temps libre s'offre à vous : dans un ascenseur, dans le bus, aux toilettes, dans une salle d'attente ou pendant une pause.

## À faire

Fermez les yeux…

Apaisez-vous…

Portez votre attention sur votre respiration…

Uniquement sur votre respiration.
Sans vouloir la modifier, la ralentir ou l'approfondir.

Focalisez-vous sur la respiration.

Constatez que, naturellement, la respiration *se calme*, qu'elle devient naturellement… plus lente… plus profonde…

Observez l'air frais qui glisse dans votre gorge, qui remplit les poumons…

Puis l'air un peu plus tiède qui ressort par le nez…

Laissez la poitrine (ou le ventre) se soulever en inspirant…

Puis redescendre en expirant…
Laissez ce flux et reflux se faire, simplement…

> Ce flux et ce reflux qui vous accompagnent à chaque
> instant....
>
>                          … et depuis toujours.
>
> Un peu comme...
>                une vague...
>                          qui va et qui vient.
>
> Une vague qui vous remplit de vie...
>
> Et qui emporte avec elle les impuretés de votre corps
> et toutes les pensées inutiles.
>
> *(Utilisez les secondes ou les minutes à votre
> disposition, car même 15 secondes, le temps que votre
> taxi arrive, ou le temps de monter un escalier
> mécanique, seront bénéfiques).*

Cette méditation express est utile chaque fois que vous
souhaitez vous recentrer rapidement, elle peut aussi être
incluse dans le début d'une induction hypnotique pour
commencer à *se détendre*.

Pour conclure sur le *lâcher-prise*, je vous rappelle encore
qu'il est possible de passer une pensée encombrante au
travers des trois passoires de Socrate[6] pour réaliser si cette
pensée est vraiment « vraie », vraiment « bonne » et
vraiment « utile ».

---

[6] En annexe je vous raconte l'histoire des trois passoires de Socrate

En y soumettant ces 1000 trucs qui vous harcèlent, vous constaterez souvent qu'ils ne passent pas à travers ces trois filtres.

Cependant, si parmi ces 1000 trucs il y en a un qui vous accable en étant vrai, bon et utile, alors vous avez peut-être mis le doigt sur une névrose qui fera un très bon sujet pour une séance d'auto-hypnose 😊

\*

Voici maintenant les différentes étapes qui constituent une séance d'auto-hypnose :

**1- S'installer confortablement, au calme.**

Pas de cigarette ou de chewing-gum en bouche, disposer d'au moins 20 à 30 minutes, être positif et bienveillant, avoir préparé son objectif comme vous l'avez appris, ainsi que ses formulations.

Vous allez le voir, il y a plusieurs étapes à suivre.

Pour ne pas en louper, l'idéal, au début, est de vous enregistrer.
Tous les téléphones mobiles ont une application « dictaphone », selon les appareils, elle s'appelle « voice recorder » ou encore « enregistreur vocal ».

Sinon vous pouvez en télécharger une gratuitement. Ce sera plus simple ensuite, et plus efficace, de vous passer et de vous repasser votre enregistrement, pour profiter au maximum de votre travail.

Par la suite, lorsque vous aurez acquis un peu plus d'assurance, vous pourrez pratiquer vos séances de mémoire. En effet, l'ordre des étapes vous sera connu par cœur et vous n'aurez plus besoin de vous réciter mentalement la séance. Il suffira de faire défiler votre script dans votre esprit, comme un film dont vous êtes le héros, au travers des images, des sons ou des ressentis que vous aurez choisis en fonction de vos préférences et des buts à atteindre.

Les étapes suivantes seront détaillées dans les chapitres ad-hoc.

## 2- L'induction.

C'est la méthode que vous choisirez pour entrer en état *alpha*.

Il en existe des dizaines, que vous pouvez trouver sur YouTube ou dans d'autres livres, je vais vous en expliquer quatre.
Vous verrez qu'à l'usage, vous en utiliserez une ou deux, selon vos goûts.

### 3- L'approfondissement.

C'est intensifier l'état *alpha.*

L'approfondissement peut être optionnel pour ceux qui entrent très vite en hypnose, ou il peut constituer à lui seul une induction efficace.

Avec un peu d'expérience, chacun choisira de mélanger les éléments qui lui conviennent le mieux.

### 4- Mise en place des fusibles et de la zone de confort.

Ce sont les moyens de vous préparer aux imprévus qui peuvent apparaître pendant la séance.

### 5- Les applications (ou le « travail »).

C'est aller vers le but que l'on s'est fixé par des suggestions plus ou moins métaphoriques.

Je vous donne plus loin cinq exemples d'applications. Ici aussi, il en existe des dizaines, cependant les cinq choisies permettent déjà de travailler sur beaucoup de sujets.

### 6- Retour, ré-association.

C'est sortir de l'état *alpha* et continuer sa journée.

Vous serez peut-être tenté de sauter des étapes pour gagner quelques minutes, mais je vous le déconseille.

Suivez scrupuleusement ce protocole pour vous offrir un moment agréable et efficace.

*

## L'essentiel

Vos séances sont des moments où vous prenez soin de vous. Elles vous offrent des instants de détente et de progression vers plus de bien-être.

En vous préparant bien, puis en suivant les différentes étapes, vous vivrez vos expériences hypnotiques avec confort et efficacité.

# 10

# Les inductions

Vous êtes déjà *au calme*, vous vous laissez aller de plus en plus dans cet agréable moment de *relaxation* qui s'installe.

L'induction hypnotique, c'est donc la technique qui va vous faire entrer en état *alpha*.

Les inductions que je vous propose ici sont :

- La fixation d'un point,
- La spirale sensorielle,
- Le décompte avec ouverture/fermeture des yeux,
- Induction par souvenir d'une séance précédente.

\*

**Induction par fixation d'un point.**

Choisissez autour de vous un point.

Ça peut être le détail d'un objet sur votre bureau, le bout de l'ongle de votre pouce, un reflet sur la vitre, bref, ce que vous voudrez.

Préférez si possible un point un peu en hauteur.

Fixez-le…
Concentrez-vous sur ce point…
Observez-le en détail…
Continuez…
Encore…
Aussi longtemps que ce sera nécessaire…
Laissez votre esprit se vider…

Laissez toutes vos sensations filer…
Laissez une certaine lassitude s'installer en vous.

Après « un certain temps », qui peut être 1, 2 ou 5 minutes
(le temps qu'il vous faudra donc), vous allez ressentir un
certain ennui, une certaine fatigue, vos yeux auront envie
de se fermer, alors laissez-les se fermer.
Voilà, vous y êtes !

Peut-être qu'en même temps, vous aurez une sensation de
« basculement intérieur », ou d'être plus relâché, ou d'être
dans le coton.
C'est parfait.
Laissez la détente se diffuser en vous, laissez l'esprit se
vider.
Lâchez prise.
Ne vous accrochez ni à vos pensées ni à vos sensations.
Glissez-en vous-même, à votre rythme, sans retenue.
Laissez-vous aller à cette détente qui grandit.

Et vous pouvez passer à l'approfondissement de votre choix (voir ce chapitre).

*

En page 86, je vous proposais d'utiliser un enregistreur pour commencer.
Bien entendu, le but à court terme est d'être totalement autonome et de créer vous-même vos séances.

Mais pour vous aider au tout début, je vous propose ce texte tout prêt pour vous guider.

Vous allez y retrouver assemblés : la méditation express, l'induction par fixation d'un point, puis les fusibles et la zone de confort (voir chapitre 12).

Lisez à un rythme doux et lent comme si vous parliez à un enfant qui va s'endormir (dans le chapitre 16 « Les mp3 » vous trouverez des enregistrements qui vous serviront aussi d'exemples, dont celui de cette séance sous le titre « exemple fixation d'un point »).

Avec l'expérience, non seulement vous n'aurez plus besoin d'enregistrement (personnellement j'aime toujours les utiliser, donc c'est à chacun de choisir ce qui lui convient le mieux) mais vous n'aurez plus besoin de vous « lire mentalement » les séquences, elles s'enchaîneront naturellement et avec facilité.
Les « ... » indiquent quelques secondes de pause.

## À faire

1. Bien installé... au calme... je fixe mon attention sur ma respiration...
2. J'observe ma respiration...
3. Sans vouloir la modifier... …
4. Elle se... calme... naturellement...
5. Elle devient naturellement... lente... profonde... et agréable... …
6. Mes yeux sont fixés sur (le point que vous avez choisi) ...
7. Et la respiration... s'apaise... encore...
8. Et avec chaque inspiration la... détente ... grandit en moi...
9. Est-ce que ce point que j'observe devient plus net ou plus flou ? … ça n'a pas d'importance... ce qui compte, c'est de … se laisser aller...
10. L'air frais remplit les poumons...
11. Puis ressort, un peu plus tiède, par les narines... …
12. J'observe ce point... sa forme... sa couleur... sa taille...
13. Et l'air va... et vient... un peu comme une vague...
14. Une agréable vague... de détente... qui me remplit à chaque inspiration...
15. Plus la respiration... se calme...
16. Plus je suis... détendu...
17. Et plus je suis... détendu...
18. Plus la respiration... se calme...
19. Est-ce que le point a changé ? …
20. A-t-il bougé ?...

21. Est-ce qu'il clignote ?...
22. Peu importe...
23. Les paupières deviennent... lourdes... pesantes...
24. Et j'observe toujours ce point...
25. Les yeux commencent... à picoter...
26. Ils ont envie de... se fermer... de plus en plus envie... de se fermer...
27. Les paupières, elles, sont... de plus en plus lourdes...
28. Très lourdes... pesantes...
29. Alors si elles en ont besoin... les paupières vont se baisser...
30. Quand elles en auront envie... les paupières se ferment...
31. En signe de retrait du monde extérieur...
32. Les yeux... se ferment... et la détente grandit encore...
33. Et à chaque expiration... la détente... devient 2x plus profonde... et c'est tellement agréable...
*(Fin de l'induction, approfondissement si nécessaire, selon chapitre 11)*

34. ... ... ...
35. Pendant cette séance, je peux bouger, bailler ou tousser si nécessaire pour me sentir toujours parfaitement bien, les bruits extérieurs peuvent passer sans besoin de m'y attarder...
et si quelqu'un ou quelque chose vient m'interrompre, une simple inspiration profonde me permettra de revenir ici et maintenant, et d'ouvrir les yeux, en pleine possession de mes

moyens... *(fin des fusibles)*

36. Enfin, si pendant la séance une sensation désagréable ou un mauvais souvenir devait survenir, je pourrai me retirer dans la cabane où je jouais, enfant, *(ou l'endroit que vous avez déterminé bien entendu)* et où je serai en parfaite sécurité, pour retrouver... calme... et sérénité... *(fin de la zone de confort)*

37. *(Travail puis retour selon les chapitres ad-hoc, pour que cet exemple soit complet, voici une suite possible, très simple)*
Dès maintenant et dans les jours, les semaines et les mois à venir, à tous points de vue, je vais... De mieux en mieux...
Quelques soient les situations, je les aborde... avec sérénité... et efficacité... C'est facile pour moi de... gérer mes émotions... et d'être efficace... confiant... ancré dans le présent... J'ai confiance, dans mes capacités... comme dans celles des personnes qui me sont chères...

38. C'est facile pour mon inconscient de... rectifier... tous les petits désagréments de la vie... qu'ils soient d'ordre physique ou moral. Il trouve facilement... les meilleures solutions... celles qui sont bonnes... pour moi...

39. Oui, dès maintenant et dans les jours, les semaines et les mois à venir, à tous points de vue, je vais... De mieux en mieux...
Dans toutes les situations, privées ou

professionnelles, c'est facile pour moi de rester... calme, serein... et efficace... j'arrive sans effort à gérer mes émotions, à trouver, les bonnes solutions, et à rester... ancré dans le présent...
J'ai de plus en plus, confiance en moi... et dans les personnes qui me sont chères...

40. Et c'est facile, pour mon inconscient de... rectifier... naturellement... toutes les petites contrariétés de la vie, qu'elles soient d'ordre physique ou moral... *(fin du travail)* ...

41. Dans un instant, Je vais revenir ici et maintenant, parfaitement... détendu et confiant... pour ça je prends une première grande inspiration et je sens une grande vague d'énergie monter en moi... et avec une deuxième grande inspiration, je vais pouvoir ouvrir les yeux en douceur et revenir ici et maintenant.
*(Fin du retour et de la séance)*

En écoutant l'enregistrement de cette séance sur la page https://PhilippeKorn.fr/atahpnz , vous constaterez qu'elle dure environ 12 minutes.

L'induction (points 1 à 33) peut être prolongée si vous en avez besoin. C'est toujours possible d'intercaler des intentions de détente, de relaxation, de bien-être, de calme, etc.
Je ne vous l'ai pas dit, mais si vos yeux ne se ferment pas, ce n'est pas grave : vous pouvez parfaitement être en état

*alpha* avec les yeux ouverts !
Ce qui compte c'est de vous sentir un peu « ailleurs »,
déconnecté en quelque sorte.

Le travail est ici constitué de suggestions directes, sans
aucun mystère symbolique. Vous le voyez, tout est dit *au
présent*, de manière *positive* et n'hésitez pas à en rajouter
encore et encore dans le sens de votre *bien-être*.

Enfin, si vous ne savez pas quel point fixer, je vous en
offre quatre dans les pages suivantes : ce sont des petits
dessins « hypnotiques » qui participeront plus rapidement
à la fatigue des yeux.
Vous pouvez les photocopier ou les découper ou les
observer directement dans le livre (avec un bon éclairage
pour une meilleure efficacité).

Vous les retrouverez aussi en grand format sur la page
https://PhilippeKorn.fr/atahpnz

Encore une fois, ce ne sont que des supports pour vous
aider à vos débuts.

*

**La spirale sensorielle.**

Cette induction va solliciter la vue, l'ouïe et le kinesthésique à tour de rôle, plusieurs fois de suite, jusqu'à ce que, lassée, la conscience « décroche ».

Installez-vous confortablement, au calme, commencez à vous relaxer.

Le regard dans le vide, utilisez votre vision périphérique pour identifier 4 éléments présents autour de vous (un objet sur une table, une bague à votre doigt, un livre sur l'étagère etc.).
Prenez le temps, décrivez-vous mentalement ce que vous voyez (« assis confortablement à mon bureau, il y a à ma droite la souris, dans le coin à gauche une pendulette et je distingue derrière un livre. Au mur est accroché un cadre à bords blancs »).

Puis, identifiez 4 sons dans votre environnement (votre respiration, la ventilation, les voitures dans la rue, le chant d'un oiseau, etc.), continuez à vous les décrire intérieurement (« et maintenant j'entends le bruit de mon souffle et les oiseaux au loin, il y a aussi une voiture qui passe ... »)

Puis, ressentez 4 sensations physiques, par exemple vos pieds posés sur le sol, la température ambiante, votre ceinture qui serre votre taille, le parfum du bouquet de fleurs, etc.

Ici aussi, vous pouvez intercaler des suggestions de

détente, de calme (« et je me sens bien… calme… et détendu… »).

Commencez maintenant une deuxième boucle, en identifiant 3 nouveaux éléments visuels, 3 nouveaux sons puis 3 nouvelles sensations physiques.

Si vous n'en trouvez pas de nouveaux, reprenez ceux que vous avez trouvés lors de la première boucle, ou constatez simplement « l'absence de bruit dans la rue » ou « aucune sensation dans mon genou gauche ».

Puis commencez la boucle suivante avec 2 choses vues, 2 sons et 2 sensations.
Prenez toujours le temps.
Ajoutez des suggestions de relaxation et de lâcher-prise.

Enfin la dernière boucle consiste à fixer votre attention sur 1 observation visuelle, 1 son puis 1 ressenti.

À n'importe quel moment de la spirale, vous pourrez avoir envie de fermer les yeux, alors : laissez les yeux se fermer. Et vous pouvez continuer avec le souvenir de ce qui se trouve autour de vous, ou même dans la pièce à côté !

*

**Les variantes de la spirale sensorielle.**

Vous pouvez fermer les yeux et seulement observer les sensations dans votre corps, si par exemple votre test du VAKOG a indiqué que vous êtes majoritairement kinesthésique, en plus, les parties du corps sont nombreuses...

Si vous êtes majoritairement auditif, alors recherchez les sons dans votre environnement.

Une autre variante consiste à imaginer, les yeux fermés, que vous sortez de votre corps et que vous vous observez vous-même.
Détaillez ce que vous voyez : votre posture, les couleurs, les vêtements, les bijoux.
Puis reculez un peu et décrivez les objets proches.
Puis, reculez encore et observez.
Vous pouvez continuer ce zoom arrière aussi longtemps que nécessaire.

Enfin, avec votre propre expérience, vous pourrez préférer

pour chaque boucle de la spirale n'identifier qu'un seul élément de chaque catégorie au lieu de 4, puis 3, puis 2 puis 1.

Bien entendu, comme lors de l'induction par la fixation d'un point, lorsque vous vous sentez « glisser », ou « partir », ou vous « déconnecter », vous pouvez enchaîner avec l'approfondissement ou les fusibles et la zone de confort.

*

**Induction par décompte avec ouverture et fermeture des yeux.**

Vous allez décompter à rebours, mentalement, de 100 à 1, très lentement.

En même temps, vous allez fermer les yeux et expirer en douceur sur les nombres pairs...

Et ouvrir les yeux en inspirant sur les nombres impairs.

La tête va se bercer légèrement d'avant (en expirant) en arrière (en inspirant), laissez faire naturellement.

Viendra le moment où vous ne voudrez plus ouvrir les yeux : alors commencez votre approfondissement.

Pour vous aider à comprendre le rythme à adopter, vous pouvez vous inspirer de ce petit tableau :

| | | |
|---|---|---|
| 100 | | |
| 99 | | |
| 98 | | |
| 97 | | |
| 96 | | |
| 95 | | |
| 94 | | |
| Etc.… | ... | ... |

**Variante.**

Au lieu de décompter mentalement, vous pouvez utiliser un métronome.

Vous pouvez encore une fois en installer un gratuitement sur votre smartphone. Par exemple « *metronome beats* » qui a de nombreux avantages, comme celui de programmer un compte à rebours (car inutile de vous enquiquiner pendant 20 minutes avec ses pulsations), de choisir parmi plusieurs sons et des rythmes sur tous les tempos : préférez environ 15 à 20 battements par minute (larghissimo), à adapter selon votre capacité pulmonaire et votre confort bien entendu.

Vous pouvez également utiliser le métronome en association avec l'induction par fixation d'un point.

Comme vous le voyez, l'hypnose a ceci de chouette que c'est toujours du sur-mesure.

*

**Induction par souvenir d'une séance précédente.**

L'hypnose, c'est comme un entraînement sportif : plus on pratique, plus on est performant.

Lorsque vous aurez gagné un peu en expérience, vous pourrez vous remémorer, et revivre, les sensations d'une induction précédente.

Elles seront suffisantes pour vous permettre de déclencher l'état *alpha*.

Retrouvez la manière dont vous vous détachez du quotidien, le lâcher-prise qui devient facile, les membres qui se relâchent, les épaules qui s'affaissent, la tête qui bascule un peu.

Viennent ensuite la sensation de glisser en soi, d'être dans le coton, d'être ici et ailleurs.

Retrouvez tous ces ressentis, prenez le temps.

Et lorsque vous y serez, commencez l'approfondissement.

\*

# 11

# L'approfondissement

Vous êtes entré en hypnose avec l'induction de votre choix, maintenant vous allez vous y installer. Le but est de maintenir cet état durant toute la séance, alors on parle « d'approfondir la transe ».

J'écrivais à la page 88 que l'approfondissement peut être optionnel, car certains parmi vous réagiront vite et profondément à l'induction. D'autres auront besoin d'une longue induction suivie d'un long approfondissement.

Parmi les éléments qui suivent, vous en trouverez peut-être qui seront pour vous des inductions idéales : rapides et efficaces, alors sentez-vous libre de les utiliser comme telles.
Vous pourrez aussi choisir d'inclure certains de ces approfondissements déjà pendant l'induction.

Il est encore utile si, durant la séance, vous vous sentez revenir en état ordinaire de conscience (EOC). Quelques phrases d'approfondissement vous permettront de rester en état *alpha*.

*

**La boucle.**

C'est une suggestion de détente qui revient sur elle-même sans fin.

Exemples :

« et plus... je me détends... plus le corps... se relâche... et plus le corps... se relâche... plus je me détends »

ou « avec chaque expiration, je glisse encore plus profondément dans... le sommeil » (sans fin, puisque vous n'arrêtez pas de respirer ! )

*

**Le décompte.**

Associez un compte à rebours mental avec la progression de votre relaxation, que ce soient un escalier à descendre ou simplement des chiffres à égrainer :

« Je suis maintenant en haut d'un escalier de 5 marches, en descendant la première marche, tous les muscles... se relâchent... avec la deuxième marche, le corps devient lourd... pesant, en descendant la troisième marche une délicieuse sensation... de sommeil... s'installe... sur la deuxième marche, ce... sommeil... est deux fois plus profond, et sur la dernière marche... je dors... d'un... sommeil... agréable et profond.»

Utilisez 10 marches ou seulement 3 selon vos envies, vos besoins ou votre imagination.

Le compte à rebours est tout aussi simple :

« Je vais décompter de 3 à 1, et à 1, mon corps sera totalement... détendu... et ma conscience profondément... endormie...
3...    Chaque partie de mon corps se... relaxe... Les bras, les jambes... se relâchent... La tête se vide... Tous les organes... se calment
2...    Et je glisse dans une délicieux... Sommeil...
1...    Un sommeil... délicieux et profond, de plus en plus... profond... dans lequel je peux me connecter à toutes mes sensations.

**L'ouverture/fermeture des yeux.**

Assez proche de l'induction que vous connaissez, vous allez simplement prendre une grande inspiration en ouvrant les yeux et expirer profondément en refermant les yeux, vous laisserez la tête et les épaules s'affaisser à l'expiration.

Ajoutez une suggestion de détente, de sommeil.

Vous pouvez recommencer une ou deux fois.

\*

**Le body scan.**

Vous allez suggérer la détente à chaque partie de votre corps en décrivant ce qu'il doit se passer, où et comment.

« C'est une agréable... relaxation... qui se diffuse dans tout le corps.
Tous les muscles du visage... se détendent... les muscles du front, des yeux, des joues, même la mâchoire ... se relâche.
La nuque et le cou peuvent… relâcher toutes les tensions.
Les épaules… se détendent, les articulations... se libèrent.
Alors les bras aussi vont pouvoir... se relaxer, de plus en plus et de mieux en mieux... *(Continuez jusqu'au orteils)* »

# 12

# Fusibles et zone de confort

Vous êtes maintenant installé profondément dans votre état d'hypnose, vous allez commencer par poser vos fusibles et créer votre zone de confort.

*

**Les fusibles** :

Ce sont des suggestions protectrices que vous allez mettre en place avant le travail à proprement parler, afin de vous préparer aux imprévus, ou à ce qui est prévu !

Elles vous accompagneront durant toute la durée de votre expérience hypnotique, par exemple pour réagir si une personne entre dans la pièce, ou pour ne pas être dérangé par des bruits extérieurs.

Exemples :

« Inutile d'être attentif aux bruits de la rue ou du couloir. Les bruits de conversations, de voitures ou de la pluie sur les vitres pourront filer sans aucun besoin de s'y attarder. »

« Si pendant la séance quelqu'un frappe à la porte, ou entre dans la pièce, tu pourras en douceur ouvrir les yeux et retrouver immédiatement toutes tes capacités. »

Les fusibles permettent aussi de garder une certaine distance si, en état *alpha*, vous retrouvez accidentellement un souvenir pénible.

Exemple :

« Si un souvenir désagréable apparaît, tu pourras automatiquement t'en distancer et l'observer sans aucune émotion, comme si c'était une simple image sur un écran de télévision. »

Enfin, parmi ces petites programmations, vous pouvez aussi prévoir votre retour :
« Et dans 20 minutes précises, tu vas ouvrir les yeux en douceur pour revenir ici et maintenant. »

*

**La zone de confort :**

C'est aussi une protection qui est mise en place dans le cas où vous ressentiriez des émotions trop désagréables pendant votre séance.

Trouvez un endroit plaisant, très sûr et réconfortant, réel ou imaginaire, où vous vous sentirez bien, à l'aise et en absolue sécurité.

Cet endroit peut être une magnifique île déserte, une forteresse imprenable ou simplement le canapé où vous adorez vous lover.
Bref, l'endroit où vous vous sentez parfaitement bien et hors d'atteinte.

Si un souvenir pénible, ou une émotion désagréable émerge, allez vous ressaisir ou vous calmer dans cet endroit réconfortant.

Si malgré tout, les sensations désagréables devaient persister, renoncez à continuer pour cette fois et passez directement au retour (voir ce chapitre).

Commencez par mettre en place vos fusibles pour vous préparer à un imprévu ainsi que votre zone de confort pour éviter d'éprouver des sensations désagréables si un mauvais souvenir devait apparaître.

Vous pourrez ainsi avancer dans la séance avec le maximum de confort.

# 13

# Applications

Si nous en sommes là, souvenez-vous que c'est parce que vous souhaitez obtenir des changements dans vos pensées ou dans vos actes, conformément à un objectif que vous avez soigneusement déterminé.

Je vous explique maintenant quelques façons classiques de travailler en hypnose :

- L'injonction directe
- Dessine-moi un mouton
- La montgolfière
- La boule de cristal
- L'écran de télé

*

**L'injonction directe.**

C'est une méthode propre à l'hypnose classique : on donne à l'inconscient l'ordre qu'il doit réaliser. L'inconscient n'a pas de sens critique, il prend ce qu'on lui présente. Vous allez donc lui répéter une phrase simple, agrémentée de vos motivations.

C'est le principe de la ritournelle, du mantra ou encore du slogan publicitaire (pensez à tous ces parents qui ont vécu des semaines entières avec « libéréééée, délivréééée... » gravé dans leurs cerveaux !).

L'exemple de la page 96 est construit avec des injonctions directes.
La grande suggestion que Émile Coué proposait pour

améliorer le bien-être global est :
« De jour en jour et à tout point de vue, je vais de mieux en mieux ».
Alors n'hésitez pas à l'inclure de-ci de-là à vos séances.

D'autres exemples :

- « Je mincis et chaque jour qui passe, je deviens plus mince. »

- « J'ai facilement confiance en moi, de plus en plus confiance en moi. »

- « Je m'aime, je le mérite et je m'accepte complètement. »

- « J'ai le droit d'être heureux et de réussir. »

- « Je suis de plus en plus XXX. »

- « Je réussis de plus en plus facilement à YYY. »

- Etc.

*

**Dessine-moi un mouton.**

*« -J'ai besoin d'un mouton. Dessine-moi un mouton.*

*Alors j'ai dessiné.*

*Il regarda attentivement, puis*

*- Non ! Celui-là est déjà très malade. Fais-en un autre.*

*Je dessinai :*

*Mon ami sourit gentiment, avec indulgence :*

*- Tu vois bien... ce n'est pas un mouton, c'est un bélier. Il a des cornes...*

*Je refis donc encore mon dessin.*

*Mais il fut refusé, comme les précédents :*

*- Celui-là est trop vieux. Je veux un mouton qui vive longtemps.*

*Alors, faute de patience, comme j'avais hâte de
commencer le démontage de mon moteur, je griffonnai ce
dessin-ci.*

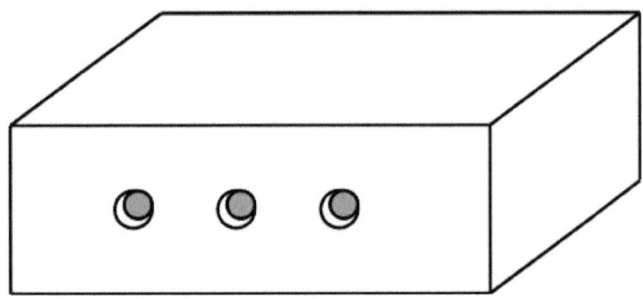

*Et je lançai :*

*- Ça c'est la caisse. Le mouton que tu veux est dedans.*

*Mais je fus bien surpris de voir s'illuminer le visage de
mon jeune juge :*

*- C'est tout à fait comme ça que je le voulais !*


Cet extrait du Petit Prince nous rappelle que parfois,
malgré toute notre sincérité, toute notre disponibilité, nous
ne parvenons pas à identifier les éléments qui pourront
nous satisfaire.
C'est aussi le rappel de la subjectivité avec laquelle nous
percevons le monde.

Il peut nous arriver d'avoir du mal à cerner les causes d'un
problème ou les solutions pour en venir à bout.

Mais souvenez-vous, vous disposez d'un allié de taille :

votre inconscient !

Lui connaît tout de vous, y compris l'origine de vos soucis, vos ressources disponibles, ainsi que les meilleures façons de progresser.

Alors, laissez-le faire !

Vous allez donc gentiment expliquer à votre inconscient ce qui ne va pas, lui demander de trouver la meilleure solution pour arranger les choses et de la mettre en œuvre, vous n'oublierez pas, à la fin, de lui dire merci.

Ce travail peut prendre 10, 15 ou 20 minutes parfois, donc soyez patient.

À chaque étape, vous demanderez à votre inconscient de vous donner un signal, une quittance, par exemple de bouger un doigt. Ça vous semble peut-être étonnant (mais tout ce que nous faisons ici ne l'est-il pas ?), mais c'est très efficace.

Enregistrer ce genre de séance n'est pas pratique puisque vous ne pouvez pas anticiper le délai de réception de ces signaux, mais je vous donne quand même un exemple complet.

*(Après induction, approfondissement, mise en place des fusibles et de la zone de confort, gardez les mains ouvertes et libres pour obtenir les signaux)*
« Depuis quelques temps je rencontre dans ma vie une difficulté avec XXX (ou un problème de YYY) qui

m'empêche de me sentir bien (de vivre comme je le souhaite, ou d'obtenir tel ou tel résultat) ...

Alors mon cher inconscient, toi qui depuis toujours veilles sur moi et qui connais tout de ma vie, cherche les causes de cette situation, et fais-moi signe lorsque tu les auras trouvées, en bougeant un index...

*(Lorsque le doigt a bougé)*

Maintenant que tu en as trouvé les causes, tu peux chercher en moi toutes les ressources, les atouts, les solutions pour parvenir à (obtenir le résultat voulu). Et toutes ces solutions, tu peux immédiatement les mettre en œuvre pour mon bien-être et donne-moi un signe en bougeant un index lorsque ces solutions seront en action...

*(Lorsque le doigt a bougé)*

Merci cher inconscient. »

*(ré-association/retour)*

Voilà.

Tout se déclenchera sans avoir besoin de comprendre le pourquoi ou le comment, mais finalement, c'est le résultat qui compte.

## La montgolfière.

Cette métaphore est particulièrement efficace pour se débarrasser des éléments devenus indésirables dans votre vie.

Elle consiste à se décharger des choses qui nous encombrent et de les laisser partir pour s'en libérer.

Voici comment vous pouvez vous en servir.

*(Après induction, approfondissement, fusibles et zone de confort)*

« Je me promène sur une magnifique plage...

J'admire cet immense ciel bleu, sans aucun nuage...
Les vagues scintillent sous le soleil, j'entends leurs clapotis lorsqu'elles s'étalent devant moi puis repartent en arrière...

J'avance pieds nus et à chaque pas, mes pieds s'enfoncent un peu dans le sable tiède. C'est tellement agréable de sentir le sable sous mes voûtes plantaires, un peu comme un délicieux massage...
Un vent doux caresse ma peau, et je me sens bien... tellement bien.

Cette promenade est vraiment très agréable.

Pourtant, elle pourrait être encore plus agréable si je ne portais pas sur le dos un très gros sac. Un sac très lourd et très encombrant.

Et ce gros sac, très lourd et très encombrant, je le porte depuis longtemps. Très longtemps. Trop longtemps.
Mais je continue ma promenade...

Au loin, j'aperçois sur la plage comme un gros ballon, alors, curieux, je décide d'aller voir de quoi il s'agit.
En m'approchant, je vois qu'il s'agit en effet d'une montgolfière.
Elle est là, toute seule, amarrée dans le sable par des cordes et des piquets.
Prête à partir.

En arrivant devant sa nacelle, je me dis que c'est un bon moment pour faire une pause.
Alors je pose sur le sable mon gros sac, si lourd et si encombrant. Et je vais profiter de cette pause pour en faire l'inventaire.

En l'ouvrant, je constate qu'il contient effectivement des dizaines et des dizaines de choses.
Beaucoup de ces choses sont devenues inutiles, encombrantes, ou certaines même désagréables. Il y a même des choses que d'autres ont mis là, des choses qui ne me concernent plus...
Alors toutes ces choses dont je ne veux plus, je vais les sortir du sac et les déposer dans la nacelle de la montgolfière...

Dans mon sac, il y a aussi des choses bonnes et utiles pour moi. Ces choses, je vais les garder soigneusement pour pouvoir les utiliser à chaque fois que j'en aurais besoin.

Par contre, toutes les choses dont je ne veux plus, ces choses trop lourdes, trop encombrantes, ou désagréables, je vais m'en débarrasser et les déposer dans la nacelle...

Maintenant que toutes ces choses inutiles sont dans la nacelle, je vais détacher les amarres qui retiennent la montgolfière sur la plage.

Et lorsque je défais le dernier nœud, je vois la montgolfière qui s'élève lentement. Elle monte, doucement, de plus en plus...
Le vent doux la pousse lentement vers l'océan et je la regarde s'éloigner...

Elle s'éloigne, encore... encore, de plus en plus, avec tout son contenu.

Elle n'est bientôt plus qu'un point à l'horizon.
Un point, qui finit par... disparaître... définitivement.

Je peux maintenant continuer mon chemin avec mon sac
beaucoup plus léger, car il contient maintenant uniquement
les choses bonnes et utiles, pour moi !

*(ré-association et retour).*

\*

**Variantes.**

Dans cet exemple, les éléments indésirables sont
« génériques » mais vous pouvez plus précisément vouloir
vous débarrasser de bouteilles d'alcool, de cigarettes ou
d'une personne « encombrante » attachée physiquement à
vous plutôt que des choses contenues dans un sac.

Une variante consiste à décoller vous-même dans la
montgolfière, ce qui va vous rapprocher de votre objectif,
et durant le vol, vous jetterez par-dessus bord les objets
indésirables, trop « lourds » pour « vous élever » et vous
progresserez alors plus vite et avec plus de facilité et de
plaisir vers cet objectif.

N'hésitez pas à être créatif, joueur, mais toujours positif et
respectueux, bref, pensez à formuler votre séance comme
vous l'avez appris.

Vous promener au bord de la mer ne vous inspire pas ?
Alors promenez-vous dans la campagne ou dans la forêt si
vous le préférez.

De la même façon, vous y rencontrerez le ballon dans un pré ou dans une clairière, pourvu que votre scénario reste logique.

Vous avez peur de voler en montgolfière ?

Alors imaginez que vous allez prendre un train à destination de vos succès futurs, mais que vous traînez avec vous une énorme valise, remplie de vos peurs, de vos échecs, de toutes vos émotions négatives et de toutes vos pensées parasites.

Faites une dernière fois l'inventaire de tout son contenu (négatif bien entendu).

Au moment de monter dans votre wagon, vous décidez alors d'abandonner cette valise tellement lourde sur le quai de la gare.

Et une fois que le train s'ébranle vers votre nouvelle vie, positive et heureuse, vous voyez que vous vous éloignez de cette valise, définitivement, jusqu'à l'oublier complètement.

*

**La boule de cristal.**

Il s'agit là de visualiser la situation idéale dont vous avez besoin.

De cette manière, vous vous programmez à réussir. Ajoutez tous les détails qui vous donneront confiance en vous, qui vous motiveront et n'hésitez pas à en faire des caisses, c'est bon pour vous ;-)

Si vous repensez au point 7 de la détermination d'objectif,

vous disposez déjà de l'essentiel du contenu de cette boule de cristal : le lieu, les gens, ce que vous faites, ce que vous obtenez, les sensations ressenties etc.

Voici l'exemple, dans le cas fictif d'une personne qui a peur de parler en public.

*(Après induction, approfondissement, fusibles et zone de confort)*

« Confortablement installé dans un beau fauteuil, il y a devant moi sur une table une boule de cristal.

Je la fixe attentivement...

Après un court instant, des formes apparaissent à l'intérieur.

Elles se précisent, deviennent de plus en plus nettes...
Et je peux maintenant facilement reconnaître la salle de réunion de mon entreprise...
Tous les cadres y sont installés, calmes et souriants.

J'entre alors dans cette salle et tous me saluent amicalement.

Je m'installe, et peux en toute sérénité commencer mon compte-rendu mensuel...

Mes propos sont clairs... structurés... et pertinents ...

Aucun stress n'est perceptible dans ma voix... mes mains ne tremblent pas... et aucun excès de transpiration ne se manifeste...

J'utilise avec professionnalisme le matériel à ma disposition, je suis compétent... précis et efficace dans mes explications...
Mon auditoire est attentif, régulièrement, l'un ou l'autre des auditeurs acquiesce de la tête.

Les documents que j'ai préparés et que je présente sont appréciés de tous...
Lorsqu'on me pose une question, j'y réponds rapidement, de manière précise et juste, sans bafouiller, sans aucun stress...

C'est facile pour moi, car... j'ai confiance en moi... et je maîtrise parfaitement les sujets que je présente...

Lorsque j'ai terminé mon intervention, je reçois les félicitations des personnes présentes, les commentaires sont élogieux et j'éprouve une légitime fierté d'avoir conduit mon exposé avec professionnalisme et sérénité...

Au bout d'un moment, le contenu de la boule devient de plus en plus flou et les images s'estompent lentement.

Et même la boule de cristal finit aussi par disparaître...

Alors dans les jours et les semaines à venir, même si les circonstances ne sont pas exactement identiques à ce que j'ai vu dans la boule de cristal, ce sera très facile pour moi de retrouver le confort et l'aisance ressentis aujourd'hui pendant cette séance.
Oui, ce sera très facile pour moi de retrouver le confort et l'aisance ressentis pendant cette séance.

À partir de maintenant, toutes mes prises de paroles seront aussi faciles... agréables... et efficaces... que celle que je viens de voir dans cette boule de cristal. »

*(ré-association/retour)*

*

**L'écran de télévision.**

Ce moyen de visualiser un événement stressant ou pénible permet de garder une certaine distance puisqu'il est visualisé sur un écran sans que l'on soit acteur de cette scène.

Être simple témoin de la situation rend la séance moins rude et va permettre de la modifier.

Je vous ai expliqué page 49 que c'est très efficace de jouer avec les *submodalités*.

C'est ce que nous allons faire dans cet exemple, en modifiant ce que nos sens nous font percevoir, jusqu'à ce que plus rien ne nous affecte.

Imaginons le cas d'une personne harcelée par un collègue.

*(Induction, approfondissement, fusibles et zone de confort, puis...)*

« Je rentre dans une grande pièce, joliment décorée, je m'y sens bien, en parfaite sécurité...

Il y a au milieu de cette pièce un fauteuil très accueillant, face à un téléviseur.

Je m'installe dans ce fauteuil moelleux, sur un des accoudoirs se trouve la télécommande.

C'est une télécommande un peu particulière : elle a beaucoup plus de boutons que d'habitude... des fonctions spéciales probablement...

Sur la télécommande, j'appuie sur « Play » et le programme démarre.

Il s'agit d'une scène dans laquelle un employé qui me ressemble beaucoup, croise mon collègue acariâtre dans les couloirs de l'entreprise...

Ce triste personnage est comme d'habitude dans un de ses petits costumes ternes et en se croisant, au lieu de saluer son collègue, il lui lance des piques « oh, tu as mauvaise mine ce matin, enfin, comme tous les matins ! Ah ah ah ! ».
Et l'autre comme d'habitude, n'ose rien répondre, il baisse les yeux et se retient de pleurer …

J'appuie sur le « Stop » de la télécommande...

À nouveau, j'appuie sur « Play » et la même scène recommence, mais avec la télécommande, pendant que cette scène se déroule, je vais baisser le son, pour ne plus entendre les propos moqueurs... je vais aussi ternir les couleurs, jusqu'à ce qu'il n'y ait plus que des nuances de gris...

Toujours avec cette télécommande spéciale, je vais rapetisser cet harceleur, le rendre petit, tout petit. Maintenant sa taille est devenue ridicule et je peux même modifier sa voix, pour qu'elle ressemble à la voix d'un personnage de dessin animé...
Je trouve sur la télécommande une option qui me permet de modifier sa tenue : je choisis un tutu et un bonnet à trois pompons...

Ce sinistre personnage est maintenant insignifiant... Complètement... ridicule...

J'en profite encore pour rendre la scène floue, de plus en plus difficile à discerner.

Enfin, grâce à la fonction zoom, j'effectue un zoom arrière, et l'image devient de plus en plus petite, ce n'est maintenant plus qu'un rectangle de la taille d'un timbre-poste, et je continue à la rendre si petite qu'elle finit par disparaître complètement, et définitivement...

Satisfait, je me lève et repose la télécommande.

Ces modifications, je vais les emporter au fond de moi au moment de quitter la pièce, confiant et déterminé. »

*(ré-association/retour )*

# 14

# Ré-association et retour

Quand on rentre de voyage, on a souvent besoin d'un petit temps d'adaptation pour retrouver nos repères.

L'hypnose est un voyage qui parfois peut vous emmener assez loin, c'est donc logique de revenir à son quotidien en douceur.

Durant l'induction, nous avons d'une certaine manière « endormi » notre conscience, l'idée est maintenant de la laisser « s'éveiller » à nouveau.

On évite ainsi un moment possible de confusion.

On procède en douceur, comme quand on se réveille le matin, sans se brusquer, on prend le temps de recouvrer ses esprits.

Pour ça, on peut d'une certaine manière refaire le chemin de l'induction en arrière : si vous aviez descendu un escalier de 5 marches, remontez ce même escalier.

Exemple :

« Je retrouve l'escalier par lequel je suis arrivé là.
En remontant la première marche, je sens une grande vague d'énergie monter en moi.
Sur la deuxième marche, je retrouve la sensation de toutes les parties de mon corps, avec la troisième marche, je prends une grande inspiration, sur la quatrième marche, je peux m'étirer, bailler, et en arrivant en haut de l'escalier, je peux ouvrir mes yeux et revenir ici et maintenant ».

Vous pourrez procéder plus simplement, comme dans l'exemple de la page 99 (point 41).

Trouvez la petite formule qui vous aidera à émerger de la séance, en 3, 4 ou 5 étapes.

Exemple :

« Dans un instant je serai de retour dans mon bureau, dans l'ici et le maintenant, calme, confiant et déterminé. Je vais prendre une grande inspiration, m'étirer et en douceur, ouvrir les yeux. »

Ou encore :

« Dans un instant, je vais ouvrir les yeux et je serai parfaitement détendu, confiant et heureux de continuer cette belle journée, pour ça je vais compter jusqu'à 3.

1...

2...

et...

3. »

*

Ça vous est déjà arrivé de vous réveiller de votre sieste au mauvais moment et au lieu d'être reposé, vous vous êtes senti un long moment « vaseux ».

Ce ressenti peut également se produite lorsque vous avez mal effectué votre sortie d'hypnose.

Il suffit alors de refaire une légère induction, fermer vos yeux, détendez-vous, faites un body scan par exemple, puis refaite un retour un peu plus développé.

Ouf, c'est réglé.

*

# 15

## Et si ça ne marche pas ?

Les premières fois, vous vous demanderez peut-être si vous étiez bien en état *alpha* et ce sera légitime.

Souvenez-vous que cet état n'a rien de spectaculaire. Il s'agit simplement d'être dans un entre-deux, ni endormi, ni complètement conscient.

C'est simplement vous sentir un peu ici et un peu ailleurs, peut-être ne plus savoir exactement où sont vos mains ou vos pieds.
Peut-être sentir votre esprit basculer en vous-même ou au contraire, partir provisoirement à la dérive.

Les ressentis sont propres à chaque pratiquant, mais en général, il y a une sensation de « dépersonnalisation » temporaire.

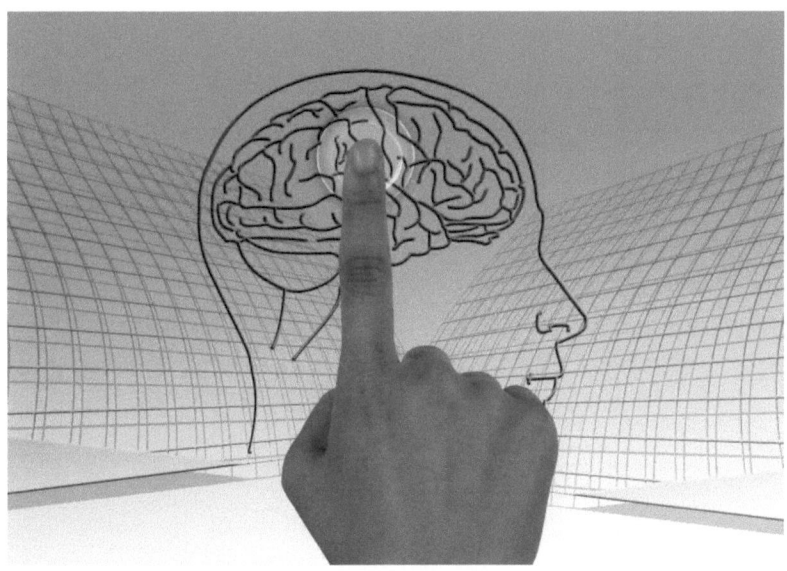

Il existe des signes qui indiquent que l'on est bien entré en transe hypnotique, en voici quelques-uns parmi les plus courants :

- relaxation profonde,
- bâillements ou déglutitions répétés,
- sensation de lourdeur ou de légèreté,
- larmes physiologiques (yeux qui coulent),
- ralentissement ou accélération de la respiration,
- picotements,
- sensations d'anesthésie,
- catalepsie (sensation de paralysie, de rigidité temporaire),
- lévitation spontanée d'un membre,
- distorsion du temps,
- tressautements musculaires,
- sensation de chaud ou de froid.

Les résultats de vos séances peuvent parfois se manifester très vite. Parfois il sera nécessaire de répéter les séances concernant un sujet donné pendant plusieurs semaines. Inutile cependant de harceler votre esprit, le rythme des séances doit rester agréable (une par jour ou par 48 heures au maximum).

Comme pour toutes les activités, l'hypnose nécessite un peu de persévérance, surtout et bien entendu, chez les débutants.

Avec la pratique, l'entrée en hypnose devient de plus en plus rapide et les effets deviennent de plus en plus concrets.

Si malgré tout, vous doutez de votre façon de pratiquer, voici quelques pistes pour améliorer vos séances :

- **Persévérez !**

    Revoyez les étapes à suivre, votre induction ou votre approfondissement sont-ils assez longs ?
    Enregistrez-vous, vous évitez ainsi d'encombrer votre esprit avec la méthodologie.
    Contentez-vous au début de simplement pratiquer l'induction, l'approfondissement puis le retour, en clair, entrez et sortez d'hypnose, simplement, sans autre étape.
    Profitez juste de cette sensation de glisser en vous, loin de la vie quotidienne.
    En prime, ce sera déjà un agréable moment de relaxation.

- **Vérifiez la manière dont vous formulez vos propos.**

    Écrivez-les.
    Utilisez vos propres mots, ne compliquez pas votre discours et restez toujours généreux et bienveillants envers vous-même.

- **Votre objectif est-il clair ?**

    C'est indispensable d'être précis et de s'occuper d'une chose à la fois.
    Écrivez votre objectif en une phrase claire.

- **Avez-vous bien recherché les bénéfices secondaires ?**

  Y a-t-il une raison cachée de ne pas vouloir progresser ?
  Ou même plusieurs ?
  Si vous en trouvez, réglez d'abord ces questions secondaires avant de vous occuper de votre objectif principal.

- **Utilisez les enregistrements mp3 disponibles sur le site PhilippeKorn.fr**

  Ces séances vous aideront à adopter le rythme, le vocabulaire, à formuler des métaphores.
  (Voir chapitre suivant)

Vous allez ainsi rapidement découvrir la satisfaction produite par des séances bien menées et efficaces.

\*

# 16

# Les mp3

Une série de séances enregistrées en format mp3 est à votre disposition sur internet à cette adresse :

https://PhilippeKorn.fr/atahpnz

Elles vont vous aider à créer vos propres séances en vous familiarisant avec le rythme de la voix, les métaphores, le vocabulaire, etc.

Elles peuvent bien sûr être utilisées directement pour votre bien-être.

Il est évident que, si ces séances sont à votre disposition, vous n'êtes cependant pas autorisé à les copier ou les diffuser.

Pour un apprentissage progressif, je vous recommande de commencer par la séance « induction hypnotique simple ». Elle a pour but de vous faire seulement entrer et sortir d'hypnose, sans autre objectif, juste pour vous habituer à vous *laisser aller* en état *alpha.*
Continuez ensuite par la séance « lévitation du bras » qui va vous permettre d'expérimenter un phénomène hypnotique simple et objectif et enfin par celle intitulée « exemple fixation d'un point ».

Par la suite, écoutez-les selon l'ordre de votre choix ou à chaque fois que vous en ressentirez le besoin.

Pour en tirer le meilleur profit, pensez toujours à vous installer *confortablement, au calme*, à mettre votre téléphone mobile en mode « silence », ajuster le volume pour que le son soit doux et bien compréhensible, et *laissez-vous aller,* à expérimenter *un agréable moment de détente.*

\*

Le code demandé pour accéder aux mp3 est : ArAO-H

\*

# 17

# Conclusion

Intrigante, mal connue, ludique, spectaculaire, inattendue, puissante, l'hypnose est de plus en plus souvent présente dans l'actualité sous ses aspects artistique ou thérapeutique.

Au travers de ces pages, vous avez découvert son aspect bien-être, utilisable au quotidien.
Vous disposez maintenant des connaissances de base afin de l'exploiter pour votre développement personnel ou pour votre confort.

Je vous souhaite d'agréables séances et, pourquoi pas, d'aller encore plus loin dans sa découverte.

Merci encore d'avoir porté votre curiosité sur cet ouvrage.

Cordialement.

Philippe Korn

# Annexes

En complément du chapitre 4 (historique), deux mots sur les personnages cités.

Ernest Rossi (1933- ) : Docteur en psychologie, né en 1933 aux USA, auteur de nombreux livres, il a travaillé avec Milton Erickson.

Émile Coué (1857-1926) : Psychologue et pharmacien français, il est à l'origine d'une méthode de guérison et de développement personnel (la méthode Coué) fondée sur l'autosuggestion.

Dave Elman (1900-1967) : Homme de radio, Elman n'a jamais pratiqué l'hypnose thérapeutique, malgré les nombreuses sollicitations. Hypnotiseur de spectacle, il a cependant développé de nombreuses techniques utilisées en hypnothérapie.

Léon Chertok (1911-1991) : Psychiatre français connu pour ses travaux sur l'hypnose et la médecine psychosomatique.

\*

## Le Ho'oponopono

Originaire d'Hawaï, le Ho'oponopono est une tradition sociale et spirituelle de réconciliation familiale ou au sein d'un groupe.

Basée sur la négociation et la prière, chacun, en présence d'un superviseur, accomplit un bout du chemin en reconnaissant sa part de responsabilité, en exprimant son repentir et son pardon.

Dans les années 70, cette tradition est modernisée pour devenir un outil de développement personnel qui peut être pratiqué seul.

Être « pono », c'est être droit, juste, bienveillant, bon, honnête, pur.

Le but reste d'observer et de rectifier nos pensées dérangeantes et les séquelles du passé, qui influencent négativement notre quotidien.

L'accent est mis sur notre perception individuelle des événements, ainsi que sur notre responsabilité, au travers de nos pensées et de nos actes, pour expliquer les situations rencontrées.

Un principe clé est donc de travailler à sa paix intérieure.

\*

## Les trois passoires de Socrate.

Un jour quelqu'un vint trouver le philosophe et l'apostrophe ainsi :

« Sais-tu ce que je viens d'apprendre sur ton ami ?

- Un instant, répondit Socrate, avant que tu ne me le racontes, j'aimerais te faire passer un test très rapide.

Ce que tu as à me dire, l'as-tu fais passer par le test des trois passoires ?

- Les trois passoires ?

- Mais oui, répondit Socrate. Avant de raconter toutes sortes de choses, il est bon de prendre le temps de filtrer ce que l'on aimerait dire.  C'est ce que j'ai appelé le test des trois passoires.

La première passoire est celle de la vérité.

Es-tu sûr que ce tu veux me raconter est vrai ?

- Non, pas vraiment. Je n'ai pas vu la chose moi-même, je l'ai seulement entendue dire...

- Très bien ! Tu ne sais donc pas si c'est la vérité.

Voyons maintenant.

Essayons de filtrer autrement, en utilisant une deuxième passoire, celle de la bonté.

Ce que tu veux m'apprendre sur mon ami, est-ce quelque chose de bien ?

- Ah non ! Au contraire ! J'ai entendu dire que ton ami avait très mal agi.

- Donc, continua Socrate, tu veux me raconter de mauvaises choses sur lui et tu n'es même pas sûr si elles sont vraies. Ce n'est pas très prometteur !

Mais tu peux encore passer le test, car il reste une passoire : celle de l'utilité.

Est-il utile que tu m'apprennes ce que mon ami aurait fait ?

- Utile ? Non pas vraiment, je ne crois pas que ce soit utile...

-Alors, conclut Socrate, si ce que tu as à me raconter n'est ni vrai, ni bon, ni utile, pourquoi vouloir me le dire ? Je ne veux rien savoir et, de ton côté, tu ferais mieux de ne plus y penser ! »

*

Crédits :

Les photos sont libres de droits
https://pixabay.com

Les dessins sont de l'auteur

Le Petit Prince, Antoine de Saint-Exupéry
Éditions Gallimard

Pour contacter l'auteur :

ISBN 978-2-3224-2031-5

Édition : BoD – Books on Demand, info@bod.fr

Impression : BoD – Books on Demand,

In de Tarpen 42, Norderstedt (Allemagne)

Impression à la demande

Dépôt légal : Mai  2022